BEI GRIN MACHT SICH IHR WISSEN BEZAHLT

AF130927

- Wir veröffentlichen Ihre Hausarbeit,
  Bachelor- und Masterarbeit

- Ihr eigenes eBook und Buch -
  weltweit in allen wichtigen Shops

- Verdienen Sie an jedem Verkauf

Jetzt bei www.GRIN.com hochladen
und kostenlos publizieren

GRIN

Bibliografische Information der Deutschen Nationalbibliothek:

Die Deutsche Bibliothek verzeichnet diese Publikation in der Deutschen National-
bibliografie; detaillierte bibliografische Daten sind im Internet über http://dnb.d-
nb.de/ abrufbar.

Impressum:

Copyright © 2016 GRIN Verlag, Open Publishing GmbH
Druck und Bindung: Books on Demand GmbH, Norderstedt Germany
ISBN: 9783668346192

Dieses Buch bei GRIN:

http://www.grin.com/de/e-book/344960/migration-in-die-usa-ist-der-amerikanische-
traum-ausgetraeumt

Tim Thölken

Migration in die USA. Ist der amerikanische Traum ausgeträumt?

GRIN Verlag

GRIN - Your knowledge has value

Der GRIN Verlag publiziert seit 1998 wissenschaftliche Arbeiten von Studenten, Hochschullehrern und anderen Akademikern als eBook und gedrucktes Buch. Die Verlagswebsite www.grin.com ist die ideale Plattform zur Veröffentlichung von Hausarbeiten, Abschlussarbeiten, wissenschaftlichen Aufsätzen, Dissertationen und Fachbüchern.

Besuchen Sie uns im Internet:

http://www.grin.com/

http://www.facebook.com/grincom

http://www.twitter.com/grin_com

Inhaltsverzeichnis

1. Einleitung

Die Vereinigten Staaten von Amerika sind das viertgrößte und mächtigste Land der Erde, in dem jeder einzelne der 50 Bundesstaaten ein Staat für sich ist. Der erste illegale Einwanderer der USA war Christoph Kolumbus im Jahre 1492. Es folgten viele weitere, sodass die USA auch als "nation of immigrants"[1] bezeichnet wird. Unzählige Menschen verlassen ihre Heimat und möchten ihren Lebensmittelpunkt in die USA verlegen und einen Neubeginn anstreben. Etwas Besonders und auch Verheißungsvolles verbirgt sich hinter den Worten des "American Dreams". Amerika präsentiert sich als ein unsterblicher Mythos und hat bis heute eine große Anziehungskraft auf Abenteurer, Aussteiger oder Personen, die aufgrund politischer oder ökonomischer Probleme ihrer Heimat entfliehen. Die Einwanderungsgesetze der USA sind sehr prägnant und erschweren den Zutritt zum "Land der unbegrenzten Möglichkeiten". 54 Prozent der Migranten stammen aus Mexiko, allerdings leben ungefähr 22 Prozent von ihnen illegal in den USA.[2] Sie alle hoffen, in den USA den amerikanischen Traum vom Tellerwäscher zum Millionär verwirklichen zu können. Doch ist das das wirklich immer realisierbar oder bleibt dieser Traum ein Traum? Nach Darstellung der politischen Entwicklung der Migration sowie der Gründe für die Migration in den Bestimmungsort USA soll der amerikanische Traum und die Vorstellung "Vom Tellerwäscher zum Millionär" verdeutlicht werden. Vor dem Hintergrund, dass ein Großteil der illegal eingereisten Migranten aus Mexiko stammt und sich hier die Problematik der Migration am deutlichsten wiedergespiegelt, wird die illegale Einwanderung einschließlich der Zustände in Mexiko sowie die Gefahren und Erlebnisse der mexikanischen Migranten skizzenhaft thematisiert. Die Lebensgeschichte eines mexikanischen Einwanderers soll die Darlegung komplettieren. Nach Abwägen aller Kriterien wird konstatiert, ob der amerikanische Traum ausgeträumt ist.

2. Die Migration in die USA

Jedes Jahr wandern zahlreiche Menschen mit unterschiedlichen sozialen und ethnischen Wurzeln in die USA, welches im Allgemeinen als "das Einwanderungsland schlechthin" beschrieben wird.[3] Im Folgenden soll durch die Vorstellung der politischen Entwicklung der Migration in die USA seit 1920 sowie durch die Darstellung der Gründe, weshalb Migranten ausgerechnet das Bestimmungsland USA auswählen und was dieses ihnen bietet, in die Thematik eingeführt werden.

---

[1] Stobbe, 2004, S.137, Übersetzung: Nation von Einwanderern
[2] Vgl. Martinez, 1994, S. 147
[3] URL: http://focus-migration.hwwi.de/Die-Vereinigten-Staa.2495.0.html, gesichtet am 15.03.2016, 17:02 Uhr

2.1 Die politische Entwicklung der Migration in die USA seit 1920

In den Vereinigten Staaten von Amerika entstand aufgrund der eingeführten Quotengesetze nach dem Ersten Weltkrieg seit 1920 ein drastischer Einbruch der Immigrationszahlen aus Europa.[4] Ziel dieser Gesetze sollte eine Drosselung der anwachsenden Einwanderungsströme aus Europa sein[4], erwirkt durch eine Beschränkung der jährlichen Zuwanderungsrate auf 150.000 Personen.[5] Mit dem im Jahre 1924 eingeführten Bundesgesetz der USA, dem "Johnson-Reed Act", folgte eine neue Quotenregelung, wonach die Zahl der in die USA einreisenden Immigranten der einzelnen Nationen auf jährlich 2,3 Prozent der damaligen US-Bevölkerung begrenzt wurde.[6] Hierdurch wurden die ost- und südeuropäischen Länder zugunsten der mittel- und nordeuropäischen Länder benachteiligt[4] sowie die Einwanderung der weißen Siedler gesichert.[7] Erst mit dem Ausbruch der Weltwirtschaftskrise im Jahre 1929 wurde der Zustrom aus mittel- und nordeuropäischen Ländern gestoppt.[4] Die Einwanderungsrate der USA erreichte in den Jahren 1931 bis 1940 ihren Tiefstand.[4] In den USA gab es immer mehr erfolglose Forderungen für die Lockerung der Quoten für jüdische Flüchtlinge und andere Verfolgte des Nazi-Regimes seit der Machtübernahme Hitlers in Deutschland.[4] Dies änderte sich im Jahre 1948 durch die Verabschiedung des unter Präsident Truman erlassenen "Displaced Persons Act", wonach die Aufnahme von 410.000 Vertriebenen beschlossen wurde.[4] 1952 wurde das so genannte "McCarran-Walter-Act" erlassen.[4] Dieses Einwanderungsgesetz beinhaltete detaillierte Regelungen und Kriterien zur Feststellung der politischen Unbedenklichkeit potentieller Einwanderer. Die als "subversiv" eingestuften und in den USA lebenden Ausländer konnten hierdurch wieder deportiert werden.[4] Das Gesetz wurde als notwendiger Schritt zur Verhinderung von kommunistischen Machtkonzentrationen angesehen.[8] 1965 wurde unter Präsident Johnson endgültig die Auswahl nach Nationalitäten mit einer Gesetznovelle abgeschafft und erstmalig ein liberales Einwanderungsgesetz erlassen, denn die bisherigen Einwanderungsbestimmungen waren politisch nicht mehr tragbar und wirkten sich negativ auf die amerikanische Wirtschaft aus.[9] Man einigte sich auf ein Präferenzsystem, dessen Bewerberkriterien Verwandtschaftsbeziehungen zu US-Bürgern und berufliche Qualifikation waren.[10] Insgesamt konnte in dem neuen Präferenzsystem ein Visum

---

[4] vgl. Schwartz, 2000, S.28
[5] URL: http://focus-migration.hwwi.de/Die-Vereinigten-Staa.2495.0.html, gesichtet am 15.03.2016, 17:15
[6] URL: http://historymatters.gmu.edu/d/5078/, gesichtet am 27.03.16, 12:06 Uhr
[7] URL: http://www.americandream.de/news-presse/blogs/2/american-adventure/die-geschichte-der-einwanderung-in-die-usa/, gesichtet am 15.03.2016, 18:00 Uhr
[8] URL: http://www.history.com/this-day-in-history/mccarren-walter-act-goes-into-effect, gesichtet am 16.03.16, 19:34 Uhr
[9] URL: : http://focus-migration.hwwi.de/Die-Vereinigten-Staa.2495.0.html, gesichtet am 16.03.16, 19:40 Uhr
[10] Vgl. Schwartz, 2000, S.29

nach sieben verschiedenen Kategorien ausgestellt werden.[11] Die Festlegung der Maximal-einwanderungszahl auf 170.000 pro Jahr für Personen aus Europa und Asien initiierte einen deutlichen Anstieg der Einwanderungszahlen aus asiatischen Ländern.[10] Stagnierende Löhne, hohe Arbeitslosigkeit und ungleichmäßige Einkommensverhältnisse veranlassten Ronald Reagan im Jahre 1985 zu der Aussage, "dass die USA die Kontrolle über ihre Grenzen aufgrund einer 'Invasion' von irregulären Einwandern verloren hätten".[9] Historisch betrachtet war dies die Phase wirtschaftlicher Unsicherheit.[9] 1986 trat das dem neuen Sicherheitsbedürfnis entsprechende Gesetz "Immigration Reform and Control Act" in Kraft. Es diente zur Verschärfung entlang der Grenzen von Mexiko sowie zur Einführung von Sanktionen für Arbeitgeber, wodurch weniger illegale Schwarzarbeiter beschäftigt wurden.[9] 1995 wurde die jährliche Einwandererzahl auf insgesamt 675.000 Arbeitsmigranten, Migranten im Rahmen der Familienzusammenführung und "diserty immigrants" begrenzt.[9] Der Terroranschlag vom 11. September 2001 veranlasste eine Neuformierung des Zuwanderungsgesetztes zum "Patriot Act"[9], denn Migranten gerieten vermehrt unter den Verdacht des Terrorismus.[12] Die Anschläge wurden im US-Gebiet von diesen Personen begangen und ließen ein unzulänglich funktionierendes Zusammenspiel zwischen Bundespolizei, Grenzschutz und Bundesbehörden vermuten.[9] Zur Erhöhung der inneren Sicherheit wurden beispielsweise verschärfte Migrationskontrollen[12], erweiterte Abschiebemöglichkeiten für Immigranten sowie eine Verlängerung der Untersuchungshaft für nicht-amerikanische Staatsangehörige eingeführt.[9] Im Jahre 2004 folgten die Einführung des Fingerabdrucks und die Speicherung digitalisierter Fotos für Personen, die mit Visum in die USA einreisen.[12] Das Zentrum für Einwanderungsstudien in Washington veröffentlichte im Jahre 2004, dass seit dem Jahre 2000 von sechs Millionen Einwanderern ungefähr zwei Millionen Menschen illegal in die USA eingereist seien, hiervon kämen 31 Prozent aus Mexiko.[13] Die US-Staaten mit der höchsten Einwandererzahl seien unter anderem Texas, Georgia, North Carolina, Pennsylvania, New Jersey, Maryland, Washington und Arizona.[13] Die Zahl der Immigranten und der Anteil der Einwanderer an der Gesamtbevölkerung habe nach Aussage dieser Institution ihren Höchststand erreicht.[13] Seitdem gibt es ständig politische Debatten und neue Gesetzesvorlagen vom Repräsentantenhaus bezüglich der Reformierung des US-Amerikanischen Zuwanderungssystems.[14] Doch bis heute konnte keine weitere Reform der Zuwanderungsgesetze trotz Verabschiedung der Gesetzesvorlagen vom Kongress bestätigt werden.[14]

---

[11] URL: http://www.bpb.de/gesellschaft/migration/laenderprofile/143980/einwanderungspolitik, gesichtet am 16.03.16, 19:50 Uhr

[12] Vgl. Stobbe, S. 3

[13] URL: http://www.spiegel.de/politik/ausland/usa-zehn-millionen-illegale-einwanderer-a-329359.html, gesichtet am 27.03.16 um 15:00 Uhr

[14] URL: : http://focus-migration.hwwi.de/Die-Vereinigten-Staa.2495.0.html, gesichtet am 16.03.16, 19:40 Uhr

2.2 Gründe für die Migration in den Bestimmungsort USA

Amerika gilt für viele Menschen als das Land der unbegrenzten Möglichkeiten und der Superlative. Es ist beispielsweise das Land mit den höchsten Häusern, den neuesten Entwicklungseinrichtungen sowie Produkterscheinungen und dem Klima mit den extremsten Gegensätzen.[15] Viele Migranten intendieren einen Neuanfang, so möchten sie beispielsweise einen neuen Weg gehen und sich erfolgreich hocharbeiten.[16] Das sogenannte "recruitment" verweist auf ein großes Spektrum an Arbeitsangeboten mit vielen regionalen Unterschieden. Neben den klassischen Formen der Jobangebote durch Zeitungen und Fachmagazine verweist die USA außerdem auf private Arbeitsvermittler, die die Jobsuche in den USA erleichtern und positive berufliche Perspektiven versprechen.[17] Flexibilität, Mobilität und puritanische Arbeitsethik zeichnen einen Großteil der amerikanischen Bevölkerung aus.[18] Die USA verkörpern eine starke Konjunktur-Lokomoti-ve und können im Jahre 2014 auf eine niedrige Arbeitslosenquote von 5,8 % zurückgreifen.[19] Ein weiterer Beweggrund für die Migration in die USA ist die beeindruckende Entwicklung dieses Landes zur Wirtschaftsmacht Nummer Eins, welche durch zahlreiche Faktoren, wie die reiche Ausstattung an natürlichen Ressourcen als auch durch die immense Größe des Landes, begünstigt wird.[20] Neusiedler brachten zusätzlich neue Dynamik in die jeweiligen Regionen und setzten neue Impulse in die Forschung, wodurch die maximale Ausbeutung neuer Materialien und Methoden resultierte.[20] Des Weiteren ist die USA in der Lage, sich mit allen wichtigen Hauptprodukten, bzw. dem Eigenbedarf, außer Chemikalien und Petroleum, selbst zu versorgen.[20] Ein zusätzlich überzeugendes Argument zur Migration in die USA stellt die völlige Religionsfreiheit dar. Die Trennung von Staat und Kirche ist in der amerikanischen Verfassung verankert, dies wird im ersten Verfassungszusatz bestätigt. "Der Kongress "will make no law respecting an establishment of religion"[21] bestätigt, dass völlige Glaubensfreiheit gewährleistet ist.[22] Das politische System der USA besitzt die älteste Verfassung, welches dazu entworfen wurde, eine effektive Zentralregierung für das Volk der gesamten Union zu schaffen. Nach der Erringung der Unabhängigkeit im Jahre 1776 stellt die Verfassung den wichtigsten Meilenstein in den USA dar.[23]

---

[15] Vgl. Schwartz, 2000, S. 18
[16] Vgl. Schwartz, 2000, S.17
[17] Vgl. Schwartz, 2000, S.127
[18] Vgl. Schwartz, 2000, S.39
[19] URL:http: http://finanzmarktwelt.de/die-tatsaechliche-arbeitslosenquote-den-usa-8443/, gesichtet am 26.03.2016 um 14:04 Uhr
[20] Vgl. Schwartz, 2000, S.39
[21] Schwartz, 2000, S.44, Übersetzung: Wird kein Gesetz zur Respektierung der Gründung neuer Religionen einführen
[22] Vgl. Schwartz, 2000, S.45
[23] Vgl. Schwartz, 2000, S.32

3. "The American Dream"

Jeder Mensch kann es in den USA aus eigener Kraft nach ganz oben schaffen. Doch ist der "American Dream" Realität? Kann die Hoffnung der Migranten auf das wirtschaftliche Glück erfüllt werden? Zunächst soll die Bedeutung des "American Dreams" für die Migranten geschildert werden. Anhand von zwei Beispielen wird die Vorstellung "Vom Tellerwäscher zum Millionär" verdeutlicht und erklärt.

3.1 Die Bedeutung des amerikanischen Traums für die Migranten

Über die Menschenschaaren, die in dem an der mexikanischen Grenze liegenden kleinen Städtchen Tecún Umán aufeinandertreffen, berichtet ein Journalist: "Sie kommen von Süden, sie wollen nach Norden, ihr Traum heißt auf Englisch 'The American Dream' und auf Spanisch 'El Sueño Americano'."[24] Amerika gilt als Wahrzeichen für Freiheit und Unabhängigkeit und viele Migranten erhoffen, ihren Traum dort zu realisieren. Die Grundlage des "American Dreams" war die Unabhängigkeitserklärung, welche besagt, dass alle Menschen gleich sind. Jedermann hat das Recht auf Freiheit und Gleichheit und es gilt Volkssouveränität, denn die Staatsgewalt geht vom Volk aus.[25] Eine Befragung einer US-Amerikanerin zur persönlichen Bedeutung des amerikanischen Traums ergab, dass man ihrer Ansicht nach durch Bildung und harte Arbeit alles erreichen könne, was man sich wünscht. Außerdem seien keine Limits gesetzt, weder gesellschaftlich noch ökonomisch (s. Anlage 1). Des Weiteren verdeutlicht die Reporterin Carolin Emcke, dass der Mythos "Jeder, der hart genug arbeitet, könnte aufsteigen" existiere und den Migranten viel Hoffnung gäbe. Geschlecht, Herkunft, Religion und Hautfarbe mache dabei nach ihrer Aussage keinen Unterschied. Auch seien die Chancen auf Glück in den USA nach ihrer Ansicht für alle Menschen gleich.[26] Das eigene Haus steht bei vielen Amerikanern weit oben als Ziel, denn sie möchten ihren Kindern etwas vererben.[27]

Karlyn Bowman vom American Enterprise Institute in Washington behauptet: "Die Leute definieren den Traum sehr persönlich".[27] Ihrer Meinung nach müsse man zwischen der damaligen und heutigen Bedeutung des "American Dreams" für die Migranten unterscheiden. Es wurde ermittelt, dass besonders die Zukunftshoffnung in den Krisenjahren stark abnahm und dass viele US-Bürger ihre Staaten nicht mehr als das Land der unbegrenzten Möglichkeiten

---

[24] Löwer, 2006, S.13
[25] URL: https://www.dhm.de/archiv/magazine/unabhaengig/adams1_d.htm, gesichtet am 27.03.2016 um 17:58
[26] URL: http://www.zeit.de/2012/43/Amerikanischer-Traum-Reportage-USA, gesichtet am 27.03.2016 um 18:21 Uhr
[27] URL: http://m.welt.de/politik/ausland/article136548431/Der-amerikanische-Traum-hat-Dellen-bekommen.html, gesichtet am 27.03.2016 um 19:00 Uhr

betrachten.[27] Die Löhne stagnieren seit den 90er-Jahren, junge Menschen sind arbeitssuchend und bekommen weniger Perspektiven geboten. Im Jahre 2013 glaubten nur noch 52 Prozent der Bevölkerung an einen Chancenreichtum der USA und nach Aussage vieler Amerikaner werde harte Arbeit nicht mehr ausreichend belohnt.[27] Beobachtet man jedoch die Zahl der illegalen Migranten, hat die USA nicht an Attraktivität verloren, denn immer noch kommen Aufstiegswillige und Arme.[27]

3.2 Die Vorstellung vom Tellerwäscher zum Millionär

"Sie kamen mit praktisch nichts in den Händen und fanden ihr wirtschaftliches Glück in den USA".[28] Dieses verdeutlicht, dass jedem Menschen die Chance gegeben wird, sein Ziel, ohne Startkapital beginnend, später vermögend und erfolgsgekrönt zu sein, zu verwirklichen. Das sind der Traum und die Vorstellung vieler Migranten. „Ich wollte hier bleiben, denn ich glaubte an das Prinzip, dass es in diesem Land jeder schaffen kann, wenn er sich nur genug anstrengt", sagt Akram Elias, der in den USA mit einem Fünf-Dollar-Job startete und inzwischen Miteigentümer bei der "Capital Communications Group" in Washington, DC ist.[28] Doch die Umsetzung "Vom Tellerwäscher zum Millionär" schafft nicht jeder, denn diese Art von Aufstieg erfordert Glück, vorteilhafte Umstände, Geschenke und viel Ehrgeiz.[29] Sheldon Adelson ist eines der interessantesten Beispiele. Der mittlerweile 82 jährige Sohn eines Taxifahrers, der mit 12 Jahren seinen ersten Job als Zeitungsverkäufer hatte, eröffnete später nach seiner Entlassung aus der Armee sein erstes eigenes Geschäft für Hygieneartikel.[29] Adelson erlebte in seiner Karriere Höhen und Tiefen und wurde zwischenzeitlich zu Boden geworfen, doch er gab nie auf und wurde mit Computerprodukten auf Messen sehr erfolgreich. 1988 nahm er sein Know-How mit nach Las Vegas, wo er sich dem Sands Casino annahm.[29] Das Vermögen des Unternehmers wird auf 28,5 Milliarden US-Dollar geschätzt, umgerechnet sind das 25,434 Milliarden Euro.[29]

4. íViva Tejas!- Problematik illegaler Einwanderung aus Mexiko

"íViva Tejas!"- ein Traum zahlreicher Mexikaner. Im Bundestaat Texas lebt der größte Anteil der mexikanischen Amerikaner.[30] Die erschwerten Einwanderungsgesetze der USA zwingen die Mexikanern häufig zur illegalen Einwanderung in die Vereinigten Staaten von Amerika. Besonders das dynamische Wachstum in Texas ist ein bedeutender Grund für den Exodus

---

[28] URL: http://www.tagesspiegel.de/politik/international/der-amerikanische-traum-vom-tellerwaescher-zum-tellerwaescher/1361284.html, gesichtet am 28.03.2016 um 21:45 Uhr
[29] URL: http://www.europaplay.com/de/millionaires-from-scratch.html, gesichtet am 28.03.2016 um 21:59 Uhr
[30] Vgl. Kirchner, 2008, S.20

nach Texas.[30] Die Migranten träumen vom "American Dream" und möchten einen Neustart antreten, der illegale Grenzübertritt ist allerdings mit einem großen Risiko für Leib und Seele verbunden. Werden die Erwartungen, Wünsche und Hoffnungen, welche die Migranten mit diesem Land assoziieren, überhaupt erfüllt? Oder ist dieser besondere Traum vielleicht noch vor der Grenze oder spätestens im Landesinneren der USA ausgeträumt? Zunächst erfolgt eine Beschreibung der Zustände in Mexiko. Nach Darstellung der illegalen Einwanderung soll dessen Problematik durch Aufzeigen einiger Erlebnisse, Schicksale und Gefahren verschiedener Migranten wiedergeben werden.

4.1 Zustände in Mexiko

Die Bundesrepublik Mexiko, bestehend aus 31 Bundesstaaten in Nordamerika, hat nach Mitteilung einer Fachabteilung des Europäischen Parlaments aus dem Jahre 2008 über die politische und wirtschaftliche Lage Mexikos ein großes Aufgabenfeld zu bewältigen.[31] Die im Land bestehenden regionalen Ungleichheiten müssten regrediert, das Wachstum der exorbitant großen Hauptstadt Mexico-City sollte in Grenzen gehalten und der herrschende Wirtschaftsliberalismus müsste mit der Demokratie und dem sozialen Fortschritt und Demokratie übereinkommen.[31] Besonders die bestehenden Ungleichheiten verweisen auf gravierende, erbärmliche und konträre Zustände in Form von hohen Kriminalitätsraten mit organisierter Kriminalität, organisierten Drogenbanden mit Machtkämpfen untereinander und extremste Armut in vielen Teilen Mexikos.[32] In Mexiko leben viele Menschen in Städten, wie beispielsweise Mexico-City, ein Leben mit extremsten Gegensätzen. 50 Prozent der Einwohner verweilen hier in Armut inmitten von Villenvierteln.[33] Der enorme Kontrast wird von einem Fotografen aus seinem Hubschrauber als "ein riesiger Flickenteppich von grauen Betonbuden" beschrieben. Weiterhin ragen nach seiner Auskunft "schnieke Residenzen für die gut betuchten" heraus.[33] Während der Weltwirtschaftskrise zwischen 2008 und 2010 ist die Armut auf 46,2 Prozent der mexikanischen Bevölkerung gestiegen.[34] 10,4 Prozent der Bevölkerung sind mit einer Verfügbarkeit von weniger als 1,25 Dollar pro Tag als extrem arm zu bezeichnen.[34]

Papst Franziskus kritisiert bei seiner Mexiko-Reise in Ciudad Juárez das soziale Elend und den zwischen den in dieser Region seit Jahren bestehenden Krieg zwischen Drogenbanden.

---

[31] URL: http://www.europarl.europa.eu/meetdocs/2004_2009/documents/nt/720/720465/7204 65de.pdf, gesichtet am 30.03.2016 um 11:55 Uhr
[32] URL: http://www.spiegel.de/panorama/justiz/mexiko-organisierte-kriminalitaet-herrscht-auf-lokaler-ebene-a-997261.html, gesichtet am 15.04.16 um 17:02 Uhr
[33] URL: http://www.daserste.de/information/politik-weltgeschehen/mittagsmagazin/sendung/mexiko-armereche-drogen-banden-polizei-100.html, gesichtet am 04.04.2016 um 19.30 Uhr
[34] URL:http://www.handelsblatt.com/politik/international/weltwirtschaftskrise-armut-in-mexiko-gestiegen/4448258.html, gesichtet am 30.03.2016 um 12.25 Uhr

Des Weiteren beklagt er die Missstände in den mexikanischen Gefängnissen, die ein Anzeichen für den Zustand dieser Gesellschaft seien und von Menschenrechtlern sogar als katastrophal betrachtet werden.[35] "Der Teufelskreis von Gewalt und Kriminalität lasse sich letztlich nicht durch Isolierung, Abschiebung und Inhaftierung brechen, sagte das katholische Kirchenoberhaupt."[35] Die Rate der Morde ist in dem Bundesstaat Chihuahua in den letzten Jahren, zu dem auch Ciudad Juárez gehört, zurückgegangen, sodass man sich mit ungefähr 1000 Morden jährlich dem nationalen Mittelwert angenähert hat.[36]

Ein weiteres gravierendes Problem Mexikos ist die Kinderarbeit, von der etwa 1,5 Millionen Kinder in der Landwirtschaft Mexikos betroffen sind. Die Bürgervereinigung "Fuerza Migrante" schildert: "Der Staat toleriere die Ausbeutung der Kinder und ihrer Eltern durch mexikanische und internationale Unternehmen. Diese würden die Notlage der Menschen ausnutzen."[37] Viele der Kinder sind unterernährt, von Insekten zerstochen und dehydriert. Oftmals wird der Nachwuchs mit hochgefährlichen Chemikalien in Verbindung gebracht. Außerdem können die Kinder und ihre Familien oftmals weder lesen noch schreiben und sind sehr arm.[37] Pedro Fernández Carapia, der Vorsitzende der Bürgervereinigung «Fuerza Migrante» klagt: "Die Arbeitsbedingungen erinnerten an "Sklaverei"[38].

Menschenhandel und Zwangsprostitution sind ebenfalls ein großes Thema in Mexiko. Eine Mitarbeiterin der Sonderstaatsanwaltschaft für Gewalt gegen Frauen berichtet: "Es gibt hier Gewalt gegen Frauen in jeder denkbaren Form: häusliche Gewalt, sexualisierte Gewalt, Menschenhandel und Zwangsprostitution, Mord."[38] Trotz alledem ahndet die Polizei fast nichts. Die Frauen intendieren in Frauenhäusern Unterschlupf zu finden, um sich vor Gewalt zu schützen.[38] Mehrfach versuchten wütende Männer in das Haus einzudringen, aber bei der Alarmierung der Polizei kommt niemand. Für die Beschäftigten sind die Sicherheitsmaßnahmen alles andere als zufriedenstellend.[38]

4.2 Die illegale Einwanderung aus Mexiko

"Von hundert Leuten, die an der Südgrenze auf den Zug steigen, kommen drei an der Nordgrenze an."[39] Erfolgsaussichten verstehen sich anders und trotzdem riskieren Tausende von Mexikanern alles, um aus ihrem Land illegal zu fliehen und einen kompletten Neustart in den USA zu wagen. Mit ihren Habseligkeiten in Plastiktüten oder kleine Rucksäcken gestopft

---

[35] URL: http://www.heute.de/papst-franziskus-beklagt-in-mexiko-zustaende-in-gefaengnissen-42322498.html, gesichtet am 30.03.2016 um 13:25 Uhr
[36] URL: http://www.heute.de/papst-franziskus-beklagt-in-mexiko-zustaende-in-gefaengnissen-42322498.html, gesichtet am 30.03.2016 um 12:37 Uhr
[37] URL: http://www.sueddeutsche.de/news/leben/gesellschaft-kinderarbeit-auf-mexikos-feldern-sklavenartige-zustaende-dpa.urn-newsml-dpa-com-20090101-160207-99-538417, gesichtet am 30.03.2016 um 12:58 Uhr
[38] URL: http://www.taz.de/!5045068/, gesichtet am 30.03.2016 um 13:28 Uhr
[39] Löwer, 2006, S.44

treten sie die Reise ihres Lebens an und begründen dieses mit: "Wovon soll ich sonst leben? Es gibt keine Zukunft in meinem Land."[40] Die in Abschnitt 4.1 erläuterten fatalen Zustände im Land veranlassen die Mexikaner, dieses zumeist illegal zu verlassen. Die Gruppe der Migranten lässt sich in eine Drei-Klassen-Gesellschaft einteilen.[41] Eine Minorität zahlt 6000 bis 7000 Dollar an Schleuser, um mit dem Flugzeug und gefälschten Papieren, mithilfe geschmierter Passkontroll-Bediensteter einzureisen. Eine etwas höhere Anzahl an Migranten reist mit Bussen und Taxen ein, denn sie verfügen über genügend Bestechungsgeld, um eine Festnahme durch die Grenzpolizisten zu verhindern. Die größte Menschenschar der mittellosen Migranten tritt die Einreise mit dem Zug an.[41]

Im Falle des gelungenen Grenzübertritts und des Antritts einer Arbeitsstelle in den USA lassen die Migranten ihren Familien zum Überleben in den ärmlichen Regionen regelmäßige Geldüberweisungen zukommen.[42] Allein jeder vierte mexikanische Migrant residiert illegal in Texas.[43] Der Grund für die ersten Menschenmassen in Texas war die mexikanische Revolution von 1909 bis 1910, dessen Welle bis 1950 andauerte.[44] Zum wichtigsten Pull-Faktor der Mexikaner wurde der boomende Bausektor in Texas, wo etwa ein Viertel aller Mexikaner ohne Papiere lebt.[44] Ein legaler Grenzübertritt ist hingegen nur mit gültigem Visum oder einer Arbeitserlaubnis möglich und folglich für ärmliche Mexikaner nicht denkbar.[45]

Des Weiteren waren die Aussichten auf einen Aufenthaltsstatus noch nie so gering wie in den letzten Jahren. Allein in der Amtszeit von Barack Obama wurden mehr als zwei Millionen Menschen abgeschoben.[46] Zudem wurde der illegale Verbleib in den USA sowie der Grenzübertritt aufgrund der Kontrollmaßnahmen entlang der Grenze durch das in "Immigration Reform and Control Act" von 1986 verschärft.[47] Die USA investierte aufgrund eines Aufrüstungsprogrammes ab dem Jahre 2008 Milliarden von Dollar in die Einzäunung der 3000 Kilometer langen mexikanischen-amerikanischen Grenze mit sieben Meter hohen Zaunsegmenten aus dicken Stahlröhren. Weiterhin wurden zusätzliche Zahlungen für mehr Bewegungsmelder, Flutlicht, Bodensensoren, Kameras und Überwachungspersonal aufgewendet.[48]

---

[40] Vgl. Löwer, 2006, S. 27

[41] Vgl. Löwer, 2006, S. 37

[42] URL:http://www.europarl.europa.eu/meetdocs/2004_2009/documents/nt/720/720465/72046 5de.pdf, gesichtet am 30.03.2016 um 11:55 Uhr

[43] Vgl. Kirchner, 2008, S.27

[44] Vgl. Kirchner, 2008, S. 20

[45] URL: http://www.deutschlandfunk.de/migranten-in-tijuana-gestrandet-an-der-grenze-zu-den-usa.724.de.html?dram:article_id=283356, gesichtet am 06.04.2015 um 19:37 Uhr

[46] URL: http://www.deutschlandfunk.de/mexiko-enttaeuschung-ueber-obamas-migrationspolitik.799.de.html?dram:article_id=302216, gesichtet am 06.04.2016 um 20:18 Uhr

[47] URL: http://www.bpb.de/gesellschaft/migration/laenderprofile/143980/einwanderungspolitik, gesichtet am 07.04.2016 um 19:57 Uhr

[48] Vgl. Häntzschel, 2009, S. 38

4.3 Gefahren, Schicksale und Erlebnisse der Migranten

"Tausende von Menschen, und damit Tausende von Schicksalen, hängen jedes Jahr in Mexiko an Güterzügen"[49], berichtet der Journalist Hans-Joachim Löwer. Arbeitssuchende aus Mittelamerika, sind bei ihrem Versuch, in die USA einzureisen, großen Gefahren ausgesetzt und riskieren ihr Leben. "Die Chancen, ihre Reise zu einem guten Ende zu bringen, sind minimal. Die Gefahren, in die sie sich begeben, sind ungleich größer"[49], verlautet Löwer. Für viele Migranten ist der Zug die einzige Hoffnung, die ihnen Kraft verleiht, Unmögliches zu wagen.[49] So verkündet ein mexikanischer Migrant: "Mein ganzes Leben wird sich auf dieser Reise entscheiden."[49] Während der Zugfahrt leiden mexikanische Migranten unter extremsten psychischen und physischen Belastungen. "Der Zug fährt wieder an, rollt ein paar hundert Meter, dann ist schon wieder Halt."[50] Bei der Durchreise durch Mexiko wird der Zug ständig durch Razzien und Überfälle durch Bandengruppen gestoppt.[51] Die Reisenden müssen sich entscheiden, ob sie vom Zug abspringen, um das Weite zu suchen und dann möglicherweise jemandem in die Falle zu laufen. In diesen Sekunden unter extremsten psychischen Belastungen steht für sie alles auf dem Spiel.[50]

Zwischen Mexiko und den USA sterben jedes Jahr Hunderte Menschen bei dem Versuch an der Grenze, illegal einzuwandern, um ihren Traum vom Leben in den USA zu verwirklichen.[52] Sie sind vielen Gefahren durch Schleuser, der extremen Wüstenhitze und Schutzgelderpressern ausgesetzt.[53] So berichtet der 44-jährige Juan Gallagos, dass er mit 18 Jahren das erste Mal die Grenze überquerte und es ein aufregendes Abenteuer war. Er habe sich von Klapperschlangen und Kaninchen ernährt. Heute sei aufgrund der verstärkten Grenzkontrollen nur noch die lebensgefährliche Wüstendurchquerung ohne Essbarem und Wasser möglich.[54] Heiße Luft wie aus einem Backofen, gefährliche Wüstentiere, wie beispielsweise Schlangen und Skorpione, sehr wenig Schatten und kein Wasser versprechen minimale Überlebenschancen.[55] Bei Temperaturen von über 45 Grad deponieren Aktivisten der Hilfsorganisation "Border Angels" Wasserkanister für die illegal Reisenden in der Wüste entlang der Grenze zwischen Mexiko und Kalifornien und markieren sie mit einer kleinen roten Fahne.[56] Dennoch gibt es die Gefahr der Aktivistengruppe "Minuteman Project", die an den Wasserdepots lauert und die Ahnungslosen festhalten, bis die Polizei kommt. Überdies wird die Aktivistengruppe für das Aufschlitzen der vollen Wasserkanister verdächtigt.[56] Die Dursti-

---

[49] Löwer, 2006, S. 9
[50] Vgl. Löwer, 2006, S.97
[51] Löwer, 2006, S. 44
[52] Vgl. Fluter, 2015, S.35
[53] URL: https://www.tagesschau.de/ausland/mexiko478.html, gesichtet am 01.04.2016 um 23:00 Uhr
[54] Vgl. Kirchner, 2008, S. 23
[55] Vgl. fluter, 2015, S. 34
[56] Vgl. fluter, 2015, S. 35

gen müssen somit die kräftezerreißende Weiterreise so fortsetzen. "Ihre Hoffnung war vergebens, und sie müssen ohne Wasser weitergehen"[56], berichtet ein Mitarbeiter der Hilfsorganisation. Nach erfolgreicher Migration in die USA müssen sich die Migranten in der neuen Umgebung orientieren und über den Verlust der alten Kultur und Ordnung des Heimatlandes bewusst werden.[57]

Die Neuorientierung bedeutet soziale als auch materielle Einschränkung und die Neusituierung der Familie als Migrant in einer fremden US-Gesellschaft.[57] Das Erlernen der amerikanischen Sprache ist dafür erforderlich, lässt sich aber aufgrund der extremen Arbeitsbedingungen mit zumeist nur gleichsprachigen Migranten erschwert realisieren. Um den Lebensunterhalt ihrer Familie zu finanzieren, nehmen Migranten häufig mehrere körperlich anstrengende Arbeitsstellen ohne Arbeitnehmerrechte und Krankenversicherung für Stundenlöhne von unter 10 Dollar an.[58] Einwanderer sind oft der Gefahr ausgesetzt, nicht anerkannt und ausgenutzt zu sein. So schildert der seit 9 Jahren in Kalifornien lebende mexikanische Migrant Antonio, dass er als Saisonarbeiter auf den kalifornischen Feldern beschäftigt sei. Der Mexikaner beschreibt sein Leben als ein Leben in einer Zwischenwelt ohne Rechte und Ansehen. „Es gibt hier nichts anderes für mich als die Felder", berichtet er. Seine Schwester hingegen heiratete einen US-Amerika-ner und bekam eine Aufenthaltsgenehmigung.[59] Durch die gespaltene Gesetzgebung müssen illegale Migranten mit Ausweisung und Kriminalisierung rechnen. Eine nachträgliche Legalisierung und die Ausweitung des Arbeitsvisums wirken sich hingegen positiv auf die Migranten aus.[58]

4.3.1 Lebensgeschichte eines mexikanischen Migranten

Der zusammengefasste Lebenslauf soll die Thematik der Migration in die USA und der Verwirklichung des amerikanischen Traums am Beispiel eines Mexikaners vervollständigen. Das Lebenswerk dieses Migranten zeichnet sich dadurch aus, dass Herr Ortiz durch Fleiß, starken Willen und Ehrgeiz den amerikanischen Traum realisieren konnte. Er gab niemals auf und engagiert sich inzwischen für mexikanische Einwanderer.

Don Tereso Ortiz wurde 1949 in dem mexikanischen Bundesstaat Guanajuato geboren. Mit bereits zehn Jahren verließ Herr Ortiz die Schule, um in der Landwirtschaft und später als Maurer tätig zu sein. Dennoch reichte das Geld nicht für eine Familiengründung aus und so beschloss er im Jahre 1971, ohne Budget in die USA zu ziehen, da die Verdienstmöglichkeiten dort deutlich besser waren. In Dallas arbeitete er als Gemüse Verpacker, ehe es ihn mit Geld und Zukunftsplänen nach 19 Monaten zurück in die Heimat zog zur Gründung eines Schuhgeschäfts. 1974 verließ er Mexiko und ging erneut in die USA, um diesmal in einer

---

[57] Vgl. Herzog, 2003, S.288
[58] Vgl. Kirchner, 2008, S. 20
[59] URL: http://www.taz.de/!5263529/, gesichtet am 09.04.2016 um 15:28 Uhr

Weinkellerei tätig zu sein. Sein Arbeitsgeber war von ihm so beeindruckt, dass er ihn nicht mehr gehen lassen wollte und ihm die Einbürgerung organisierte. Als legaler Einwanderer konnte Herr Ortiz seine Familie in die USA holen. 1983 arbeitete er sich zum Vorarbeiter in einer Firma, die Kanalisationsrohre aus Beton herstellte, hoch. Er lebt seit mehr als 30 Jahren in den USA und engagiert sich ehrenamtlich für mexikanische Einwanderer, die ihren Weg in die amerikanische Gesellschaft nicht gefunden haben. Für Herr Ortiz war die Rückkehr in seine Heimat nie eine ersthafte Alternative, denn seiner Meinung nach, sind die Verdienst- und Wohlstandsgefälle gegenüber der amerikanischen Gesellschaft einfach zu groß.[60]

5. Ist der amerikanische Traum ausgeträumt?

Die Frage, ob der amerikanische Traum ausgeträumt ist, kann nicht pauschalisiert werden, denn die Antwort ist von vielen Faktoren abhängig. "Vom Tellerwäscher zum Millionär" ist die Traumvorstellung vieler Migranten und verleiht ihnen enorme Kraft und Hoffnung. Sie riskieren einen Neuanfang und setzen dafür Leib und Seele aufs Spiel. Durch vorteilhafte Umstände, viel Ehrgeiz, Erfolg und Glück konnten sich zahlreiche Migranten in den USA hocharbeiten und ihren Traum verwirklichen. Viele negative Erlebnisse und Erfahrungen hingegen, wie beispielsweise die lebensgefährliche Grenzüberquerung mit den verschärften Grenzkontrollen und entgegengebrachter Kriminalität, die fehlende Akzeptanz durch die US-Bevölkerung mit erschwertem Spracherwerb und damit verbundene Integrationsprobleme, erschweren die Realisierung der Wunschvorstellung und führen zu Enttäuschungen und Exklusionen. Auch die in den USA bestehenden Gesetze mit eventuellen Konsequenzen der Abschiebung beeinträchtigen die Verwirklichung des amerikanischen Traumes und lassen ihn oftmals nur ein Traum bleiben.

6. Schlussbemerkung

Die zusammenhängende Darstellung der Migration in die USA mit intensiver Betrachtung des "American Dreams", welche vornehmlich an der illegalen Migration aus Mexiko veranschaulicht wurde, lässt zu der Erkenntnis kommen, dass das Erleben dieser Wunschvorstellung von vielen Faktoren abhängig ist. Migranten, speziell Illegale, haben es in keinem Land einfach. Vielmehr kann nicht pauschal definiert werden, wie sie in den USA leben, denn jede Migrantenfamilie gestaltet ihr Leben in einer neuen Umgebung anders. Besieht man die Mig-

---

[60] Vgl. Kirchner, 2008, S. 23

rationspolitik der USA, scheint diese insbesondere gegenüber illegalen Migranten verhältnismäßig hart zu sein. Des Weiteren erschweren kaltblütige Grenzkontrollen und extreme Repressionsmaßnahmen die Situation. Für viele Migranten ist der Schritt in ein neues Leben bereits vor oder an der Grenze beendet und die Vorstellung vom "American Dream" verläuft im Leeren. Dennoch lässt sich durch vorteilhafte Umstände eine gesicherte Existenz aufbauen und zahlreiche Glückliche können in den USA ihren Traum verwirklichen. Für sie ist der "American Dream nicht ausgeträumt. Vielmehr sollten diese Menschen ihren Traum nicht nur träumen, sondern ihn auch leben.

7. Anlagen
Anlage 1

Befragung einer US-Amerikanerin

Am 27.03.2016 um 19:35 Uhr erfolgte durch den Verfasser dieser Seminararbeit über die Internetplattform Facebook eine Befragung an dessen amerikanische Gastmutter aus Alaska zum Thema "American Dream" und dessen Bedeutung.

Verfasser: What does the American Dream mean to you?

Interviewte: The American Dream to me means you start with nothing. Be in poverty and thru education and hard work become anything you want to be. There is no limit set on how far you can rise economically or socially. You can live your dream.

8. Literaturverzeichnis

Häntzschel, Jörg: Die Vereinigten Staaten. In: Unbekannter Herausgeber: The United States. Stuttgart 2009, S.38

Herzog, Margarethe: Gesellschaften und Kulturen in Lateinamerika. Lebensent-würfe zwischen zwei Welten, Frankfurt am Main, 2003

Kirchner, Peter: Viva Tejas!. In: Geographie heute, H. 261/262, 20-29

Löwer, Hans-Joachim: Bahnhof der Träumer. Mit Latinos illegal durch Mexiko. München, 2006

Martinez, Oscar J.: Border people. Life and society in the U.S.- Mexico borderlands, Arizona 1994

Schwartz, Liam. Mehnert, Georg: Der amerikanische Traum. Mit GreenCard oder Visum in die USA, Berlin, 2000

Stobbe, Holk: Undokumentierte Migration in Deutschland und den Vereinigten Staaten. Interne Migrationskontrollen und die Handlungsspielräume von Sans Papiers, Göttingen, 2004

Zilm, Kerstin: Durststrecke. In: fluter, H.55/2015, S.34-35

Internetquellen

Adams, Paul: Deutschsprachiger Erstdruck der amerikanischen Unabhängigkeitserklärung vom 4 Juli 1776. Die Unabhängigkeitserklärung der Vereinigten Staaten von Amerika(Teil 1). URL: https://www.dhm.de/archiv/magazine/unabhaengig/adams1_d.htm, Stand: 27.03.2016 um 17:56 Uhr

Bartsch, Michael: Papst beklagt Zustände in Mexikos Gefängnissen. URL: http://www.heute.de/papst-franziskus-beklagt-in-mexiko-zustaende-in-gefaengnissen-42322498.html, Stand: 30.03.2016 um 13:25 Uhr

Borcholte, Andreas: USA: Zehn Millionen illegale Einwanderer. URL: http://www.spiegel.de/politik/ausland/usa-zehn-millionen-illegale-einwanderer-a-329359.html, Stand: 27.03.16 um 15:00 Uhr

Ehringfeld, Klaus: Organisierte Kriminalität in Mexiko: Der gekaperte Stadt. URL: http://www.spiegel.de/panorama/justiz/mexiko-organisierte-kriminalitaet-herrscht-auf-lokaler-ebene-a-997261.html, Stand: 15.03.2016 um 16:00 Uhr

Emcke, Carolin: Träum weiter, Amerika. URL: http://www.zeit.de/2012/43/Amerikanischer-Traum-Reportage-USA, Stand: 27.03.2016 um 18:21 Uhr

Günther, Ingrid: Mexiko zwischen Arm und Reich. Die Regierung will den Dro-genkrieg gewinnen. URL: http://www.daserste.de/information/politik-weltgeschehen/mittagsmagazin/sendung/mexiko-arme-reche-drogen-banden-polizei-100.html, Stand: 04.04.2016 um 19.30 Uhr

Hanewinkel, Vera: Die Vereinigten Staaten von Amerika. URL: http://focus-migration.hwwi.de/Die-Vereinigten-Staa.2495.0.html, Stand: 15.03.2016 um 17:02 Uhr

Havertz, Rieke: Illegale Einwanderer in den USA. Einen Dollar für 19 Liter Toma-ten. URL: http://www.taz.de/!5263529/, Stand: 09.04.2016 um 15:28 Uhr

Jakob, Christian: Drogen und Gewalt in Mexiko. In der Stadt der ermordeten Frauen. URL: http://www.taz.de/!5045068/, Stand: 30.03.2016 um 13:28 Uhr

Jakobs, Hans-Jürgen: Armut in Mexiko gestiegen-URL:http://www.handelsblatt.com/politik/international/weltwirtschaftskrise-armut-in-mexiko-gestiegen/4448258.html, Stand: 30.03.2016 um 12.25 Uhr

Kummerfeld, Claudio: Die tatsächliche Arbeitslosenquote in den USA. URL:http: http://finanzmarktwelt.de/die-tatsaechliche-arbeitslosenquote-den-usa-8443/, Stand: 26.03.2016 um 14:04 Uhr

Kister, Kurt, Krach, Wolfgang: Kinderarbeit auf Mexikos Feldern: Sklavenartige Zustände. URL: http://www.sueddeutsche.de/news/leben/gesellschaft-kinderarbeit-auf-mexikos-feldern-sklavenartige-zustaende-dpa.urn-newsml-dpa-com-20090101-160207-99-538417, Stand: 30.03.2016 um 12:58 Uhr

17

Leber, Fabian, Schäuble, Juliane: Vom Tellerwäscher zum Tellerwäscher. URL: http://www.tagesspiegel.de/politik/international/der-amerikanische-traum-vom-tellerwaescher-zum-tellerwaescher/1361284.html, Stand: 28.03.2016 um 21:45 Uhr

Neves, Pedro: Mitteilung über die politische und wirtschaftliche Lage Mexikos und seine Beziehungen zur Europäischen Union. URL: http://www.europarl.europa.eu/meetdocs/2004_2009/documents/nt/720/720465/720465de.pdf, Stand: 30.03.2016 um 11:55 Uhr

Parrott, Nicholal: Entwicklung der Einwanderungspolitik der US. URL:http://www.bpb.de/gesellschaft/migration/laenderprofile/143980/einwanderungspolitik, Stand: 16.03.2016 um19:50 Uhr

Polansky, Martin: Gestrandet an der Grenze zu den USA. URL: http://www.deutschlandfunk.de/migranten-in-tijuana-gestrandet-an-der-grenze-zu-den-usa.724.de.html?dram:article_id=283356, Stand: 06.04.2016 um 19:37 Uhr

Polansky, Martin: Enttäuschung über Obamas Migrationspolitik. URL: http://www.deutschlandfunk.de/mexiko-enttaeuschung-ueber-obamas-migrationspolitik.799.de.html?dram:article_id=302216, Stand: 06.04.2016 um 20:18 Uhr

Polansky, Martin: Illegale Einwanderer aus Mexiko. Warten am Grenzzaun. URL: https://www.tagesschau.de/ausland/mexiko478.html, Stand: 01.04.2016
Schwartz, Liam: Die Geschichte der Einwanderung in die USA. URL: http://www.americandream.de/news-presse/blogs-2/american-adventure/die-geschichte-der-einwanderung-in-die-usa/, Stand: 15.03.2016 um 18:00 Uhr

Unbekannter Autor: Who was shut out? Immigration Quotas, 1925-1927. URL: http://historymatters.gmu.edu/d/5078/, Stand 27.03.2016 um 12:06 Uhr

Unbekannter Autor: McCarren-Walter Act goes into effect. URL: http://www.history.com/this-day-in-history/mccarren-walter-act-goes-into-effect, Stand 16.03.16 um 19:34 Uhr

Unbekannter Autor: Plötzlich Millionär – Berühmte Millionäre: Vom Tellerwäscher zum Millionär. URL: http://www.europaplay.com/de/millionaires-from-scratch.html, Stand: 28.03.2016 um 21:59 Uhr

Wergin, Clemens: Der amerikanische Traum hat Dellen bekommen. URL: http://m.welt.de/politik/ausland/article136548431/Der-amerikanische-Traum-hat-Dellen-bekommen.html, Stand: 27.03.2016 um 19:00 Uhr